BEI GRIN MACHT SICH IHR
WISSEN BEZAHLT

- Wir veröffentlichen Ihre Hausarbeit,
  Bachelor- und Masterarbeit

- Ihr eigenes eBook und Buch -
  weltweit in allen wichtigen Shops

- Verdienen Sie an jedem Verkauf

Jetzt bei www.GRIN.com hochladen
und kostenlos publizieren

Jana Immisch

Filmanalyse "Der Mann mit der eisernen Maske"

Welche filmischen Mittel kommen zum Einsatz, um König Ludwig XIV. und den Mann in der eisernen Maske darzustellen?

GRIN Verlag

Bibliografische Information der Deutschen Nationalbibliothek:

Die Deutsche Bibliothek verzeichnet diese Publikation in der Deutschen National-
bibliografie; detaillierte bibliografische Daten sind im Internet über http://dnb.d-
nb.de/ abrufbar.

Impressum:

Copyright © 2013 GRIN Verlag GmbH
Druck und Bindung: Books on Demand GmbH, Norderstedt Germany
ISBN: 978-3-656-54173-8

Dieses Buch bei GRIN:

http://www.grin.com/de/e-book/264312/filmanalyse-der-mann-mit-der-eisernen-
maske

GRIN - Your knowledge has value

Der GRIN Verlag publiziert seit 1998 wissenschaftliche Arbeiten von Studenten, Hochschullehrern und anderen Akademikern als eBook und gedrucktes Buch. Die Verlagswebsite www.grin.com ist die ideale Plattform zur Veröffentlichung von Hausarbeiten, Abschlussarbeiten, wissenschaftlichen Aufsätzen, Dissertationen und Fachbüchern.

Besuchen Sie uns im Internet:

http://www.grin.com/

http://www.facebook.com/grincom

http://www.twitter.com/grin_com

HOCHSCHULE MERSEBURG

Filmanalyse
DER MANN IN DER EISERNEN MASKE

Welche filmischen Mittel kommen zum Einsatz, um König Ludwig XIV. und
den Mann in der eisernen Maske darzustellen?

Ausarbeitung von Jana Immisch
30.09.2013

Fachbereich Soziale Arbeit. Medien. Kultur
Studiengang Angewandte Medien- und Kulturwissenschaften (M.A)

Inhaltsverzeichnis

0. Einleitung

Im Seminar 2/1 Filmtheorie entstand die Idee sich mit einem Film auseinander zu setzen, dessen filmische Mittel, zwei Personen von ein und demselben Schauspieler verkörpert, in Szene setzen müssen. Wie dies umgesetzt werden kann, ist Gegenstand der vorliegenden Filmanalyse. Grundlage hierfür ist exemplarisch der Film von Randall Wallace *Der Mann in der eisernen Maske (1997)*.

Im ersten Kapitel werden diesbezüglich die historischen Fakten zur Regentschaft König Ludwig XIV. aufgezeigt. Somit wird ein Basisverständnis zum geschichtlichen Hintergrund und der zeitlichen Einordnung des Films gelegt. Weiterführend befasst sich das Kapitel 1.2. mit den diversen Legenden, ihrer Herkunft und Klärungsansätzen bezüglich des geheimnisvollen Gefangenen des Königs Ludwig XIV.. Nachdem die Faktenlage beleuchtet wurde, bezieht sich das zweite Kapitel vertiefend mit dem Filminhalt. Hierzu wird im Kapitel 2.1 die Filmhandlung beschrieben, um im Kapitel 2.2 mit der exemplarischen Analyse der filmischen Mittel fortzufahren. Im Kapitel 2.2 werden Einstellungsgrößen, Musikmotive, Räumliche Darstellungen und Lichtgestaltung, als auch Kostüm und Symbole an Hand eines erstellen Filmprotokolls untersucht. Im Schlusswort werden alle Ergebnisse zusammengefasst und ausgewertet.

Die vorliegende Hausarbeit legt auf Grund ihres vorgegebenen Umfangs keinen Anspruch auf Vollständigkeit oder Absolutheit. Die Analyse der filmischen Mittel in *Der Mann in der eisernen Maske* (1997) erfolgt daher begründet Beispiel gebend.

1. Geschichtliche Hintergründe zum Film

Der zu analysierende Film *Der Mann in der eisernen Maske (1997)* basiert auf historischen Ereignissen. Diese Hintergründe sollen im ersten Kapitel aufgeschlüsselt werden und zum Verständnis der vorliegenden Filmanalyse beitragen. Dazu wird das Leben und die Regentschaft König Ludwig XIV. aufgezeigt. Im Anschluss kommt es zur Auseinandersetzung mit den diversen Theorien, welche sich um die Identität des geheimnisvollen Gefangenen von Ludwig XIV. ranken.

1.1 König Ludwig XIV. - absolutistische Herrschaft in Frankreich

In Saint-Germain-en-Laye (Frankreich) gebar Anna von Österreich (1601 – 1666) am 5. September 1638, den ersten ihrer beiden Söhne, Ludwig (2.Sohn Philipp *1640). Ludwig wird demnach in eine Zeit der Reformation und des Dreißigjährigen Krieges hineingeboren.[1] Bereits am 14. Mai 1643 verstarb ihr Mann König Ludwig XIII.. Sein erstgeborener Sohn wurde nun, mit erst vier Jahren, zum König Frankreichs ernannt. Doch König Ludwig XIV. konnte vorerst auf Grund seines jungen Alters kein Land allein führen. Die Regentschaft unter Ludwig XIV. wurde daher unter seiner Mutter und unter dem Minister Jules Mazarin (1602 – 1661) ausgeübt. Gemeinsam setzten sich die Regentin Anna von Österreich und der leitende Minister für den Weiterausbau der absolutistischen Zentralmacht Frankreichs ein. Kardinal Mazarin blieb tatsächlicher Machthaber, selbst nachdem König Ludwig XIV. 1651 für großjährig erklärt und drei Jahre später in Reims gekrönt worden war. Nach dem Tod des Kardinals 1661, ernannte Ludwig XIV. keinen neuen Nachfolger. Er führte mit seiner Regentschaft Frankreich nicht nur zur mächtigsten und wohlhabendsten Nation, sondern auch zum Kulturzentrum der Welt. Der Preis dafür waren, ab 1667, fast ständig geführte Kriege.[2]

Um wiederum die Thronfolge zu sichern ging Ludwig XIV. am 9. Juni 1660 die Ehe mit Maria Theresia von Spanien (1638 – 1683) ein. Mit dieser Verehelichung wurde zugleich der Pyrenäenfrieden besiegelt. Seine Ehefrau gebar dem französischen König sechs Kinder. Daneben hatte Ludwig XIV. diverse uneheliche Kinder mit Louise de La Vallière, Marie-Angélique de Fontanges und Françoise-Athénaïs de Rochechouart de Mortemart.[3]

---

[1] vgl. Korioth, Daniel (2010-2013): Ludwig XIV., URL: http://geboren.am/person/Ludwig_XIV, [Zugriff am 29.08.2013].
[2] vgl. Wunderlich, Dieter (2006): Frankreich unter König Ludwig XIV., URL: http://www.dieterwunderlich.de/ frankreich _ Ludwig_xiv.htm [Zugriff am 19.08.2013].

[3] vgl. Wunderlich, Dieter.

Ludwig XIV. stellte seine Macht offenherzig zur Schau. Seine barocken Hoffeste übertrafen jede Dekadenz. Die Etikette schrieb es den Höflingen vor, sich nicht nur aufwändig zu kleiden, sondern zudem auch auf möglichst vielen Abendgesellschaften und Bällen zu erscheinen. Dies führte selbst dazu, dass Aristokraten ihre eigenen Angelegenheiten in der Provinz vernachlässigten, da sie bei Hof nichts verpassen wollten. Dieses Vorgehen stärkte wiederum die Zentralmacht.[4] Die Ausgaben überstiegen dabei bei weitem die Einnahmen des Landes und stürzten den französischen Staat und weite Bevölkerungsteile zunehmend in die Verarmung.[5] Dennoch verstand es Ludwig XIV., sich und seine Macht zu präsentieren. Um ihn zu verherrlichen warb er die besten Künstler, Musiker und Dichter aus ganz Europa an den Hof. Jenem Zweck der Verherrlichung diente auch der Bau des Schlosses von Versailles. Fünfzig Jahre (1661 bis 1710) dauerte der Bau dieser prächtigen Schlossanlage. Die Innenausstattung des Schlosses zeigt in vollem Maße den Willen Ludwig XIV. nach Anerkennung und Bewunderung für sich und seine Dienste für sein Land. Zudem reglementierte er alle erdenklichen Abläufe und Strukturen bis ins Kleinste.[6]

König Ludwig XIV. hatte alle staatliche Gewalt inne und war nur vor Gott Rechenschaft schuldig.[7] Sein Ziel war es, seine absolutistische Macht zu stärken und das um jeden Preis. Außenpolitisch durch das Führen von Kriegen um die europäische Vormachtstellung zu sichern. Innenpolitisch erzwang er die Glaubenseinheit, indem er Protestanten und Hugenotten massiv unter Druck setzte. Ludwig XIV. akzeptierte daher nur die katholische Kirche in seinem Land.[8]

In seiner Regierungszeit reformierte und expandierte König Ludwig XIV. sein Land Frankreich unter absolutistischen Verhältnissen. Zudem verfolgte er erbittert die Hugenotten, förderte landesweit die schönen Künste, als auch die Wissenschaft und ließ während seiner Regentschaft das Schloss Versailles erbauen.[9] Durch seine verschwenderische Lebensweise und Selbstinszenierungen, die bei Hofe von Prunk und Üppigkeit geprägt waren, ist Ludwig der XIV. auch unter dem Beinamen Sonnenkönig[10] in der

---

[4] vgl. ebd.
[5] vgl. Weis, Gabriele (2000): Absolutismus in Frankreich: http://www.gabrieleweis.de/3-geschichtsbits/histo-surfing/4-neuzeit1/4-6-absolutismus/4-6-absolutismus.htm [Zugriff am 09.09.2013].
[6] vgl. Wunderlich, Dieter (2006): Frankreich unter König Ludwig XIV., URL: http://www.dieterwunderlich.de/frankreich _ Ludwig_xiv.htm [Zugriff am 19.08.2013].
[7] vgl. Weis, Gabriele (2000): Absolutismus in Frankreich: http://www.gabrieleweis.de/3-geschichtsbits/histo-surfing/4-neuzeit1/4-6-absolutismus/4-6-absolutismus.htm [Zugriff am 09.09.2013].
[8] vgl. Wunderlich, Dieter (2006): Frankreich unter König Ludwig XIV., URL: http://www.dieterwunderlich.de/frankreich _ Ludwig_xiv.htm [Zugriff am 19.08.2013].
[9] vgl. Korioth, Daniel (2010-2013): Ludwig XIV., URL: http://geboren.am/person/Ludwig_XIV, [Zugriff am 29.08.2013].
[10] vgl. GEO EPOCHE (Heft-Nr. 42 - 04/10): Der Sonnenkönig. Ludwig XIV. Frankreichs Aufstieg zur Weltmacht 1638-1715, URL: http://www.geo.de/GEO/heftreihen/geo_epoche/der-sonnenkoenig-63834.html, [Zugriff am 12.09.2013].

Geschichtsschreibung bekannt.[11] Nach 73 Regierungsjahren starb Ludwig XIV. am 1. September 1715 im Schloss Versailles. Sein fünfjähriger Urenkel Ludwig XV. übernahm den Thron.[12]

1.2 Legenden um den geheimnisvollen Gefangenen

Es gibt zahlreiche Bücher, die auf einen mysteriösen Gefangenen Ludwig XIV. hinweisen. In John Noone Der Mann hinter der eisernen Maske, wird von einem Gefangenen Ludwigs XIV. geschrieben, der über 30 Jahre in verschiedenen Kerkern eingesperrt war und dessen Gesicht immer hinter einer Maske verborgen wurde. Alexandre Dumas Der Mann in der eisernen Maske, schreibt in seinem Buch vom Maskenmann mit schriftstellerischer Fantasie. Ursprünglich sollte dies auch Teil eines mehrbändigen Romans Der Vicomte de Bragelonne (1847), der zweiten Fortsetzung der Musketier-Geschichte werden.

Es gibt Beweise dafür, dass die Romane ein Fünkchen Wahrheit beinhalten, wenn sie von einem maskierten Häftling berichten, der von Ludwig XIV. gefangen gehalten wurde. Eine erste historische Erwähnung wird auf das Datum vom 15. Oktober 1711 gesetzt.[13] Hier schreibt die Herzogin von Orléans an die Kurfürstin Sophie von Hannover einen Brief.[14] In diesem Brief schreibt die Schwägerin Ludwigs XIV., Liselotte von der Pfalz an ihre Tante, Kurfüstin Sophie von Hannover von einem Mann, der lange Jahre in der Bastille gefangen gehalten wurde und maskiert darin gestorben sei.[15] Sie beschreibt den letzten Aufenthaltsort des unbekannten, maskierten Häftlings in der Pariser Bastille. Hinter ihm lagen zu diesem Zeitpunkt bereits sechs Jahre Gefangenschaft in der französischen Alpenfestung Exilles und eine Verlegung auf eine Mittelmeerinsel.[16] Es gibt zudem Aufzeichnungen des Leutnants in der Bastille du Junca. Hier „(...) berichtet er 1698 von der Einlieferung eines alten Gefangenen in der Bastille, der vom Gefängnisdirektor Saint-Mars angehalten wird, stets eine Maske zu tragen"[17]. Archivstudien, brachten jenen Briefwechsel zwischen Louvois und

---

[11] vgl. Korioth, Daniel (2010-2013): Ludwig XIV., URL: http://geboren.am/person/Ludwig_XIV, [Zugriff am 29.08.2013].

[12] vgl. Wunderlich, Dieter (2006): Frankreich unter König Ludwig XIV., URL: http://www.dieterwunderlich.de/ frankreich _ Ludwig_xiv.htm [Zugriff am 19.08.2013].

[13] vgl. Boffo, Manfred Günter (o.A.): Der Mann mit der eisernen Maske, URL: http://www.mgb-home.de/Die-eiserne-Maske.html, [Zugriff am 22.08.2013].

[14] vgl. Boffo, Manfred Günter und vgl. Geo Epoche (2013): Der Sonnenkönig, URL: http://www.geo.de/GEO/heftreihen/geo_epoche/geoepoche-buchtipps-der-sonnenkoenig-63805.html?p=5,[Zugriff am 19.08.2013].

[15] vgl. Wolff, Markus (2013): Der Mann mit der eisernen Maske, URL: http://www.geo.de/GEO/heftreihen/geo_epoche/der-mann-mit-der-eisernen-maske-63799.html, [Zugriff am 19.08.2013].

[16] vgl. Wolff, Markus.

[17] Boffo, Manfred Günter (o.A.): Der Mann mit der eisernen Maske, URL: http://www.mgb-home.de/Die-eiserne-Maske.html, [Zugriff am 22.08.2013].

Saint-Mars ans Licht. Diese Belegquellen werden in den zitierten Büchern von Marcel Pagnol, Georges Mongredien oder Andrew Lang ausführlich dargelegt.[18]

Welche Fakten sind über den Mann mit der Maske wissenschaftlich belegt worden? Er soll am 24. August 1669 in der Festung von Pinerolo im Piemont inhaftiert worden sein.[19] Er wird als Gefangener von höchster Bedeutung inhaftiert. Ab 1681 kam der unbekannte Mann mit der Maske in die 26 km entfernte Festung Exilles in den Alpen.[20] Als ein Krieg die Festung bedroht, wurde der Mann mit der Maske am 3. Mai 1687 auf die Insel Sainte-Marguerite verlegt.[21] Von hier aus wurde er im September 1698 erneut verlegt. Dieses Mal in die Bastille in Paris, wo er am 19. November 1703 starb.[22] Rätselhaft ist, warum bei jedem Ortswechsel der Gefängnisdirektor Bénigne Dauvergne de Saint-Mars mit versetzt wurde.[23]

Mann erlegte die Todesstrafe auf jeden, der von seiner Identität bzw. seinen wahren Anblick wusste oder mit ihm versuchte Kontakt aufzunehmen, sodass der unbekannte Mann bei jedem Hofgang und gegenüber Fremden immer eine Maske trug. Jeder Gefängniswechsel wurde darauf geachtet, dass weder Stimme noch Gesicht des Inhaftierten wahrgenommen werden konnten. Während des Transports nach Saint-Marguerite wurde er sogar mit einem Wachstuch hermetisch verschlossenen Sänften-Stuhl transportiert.[24] Als Sänftenträger wurden Italiener aus Turin beauftragt.[25] Seltsam anmuten tuen dann die ihm gewährten persönlichen Bequemlichkeiten und Vergünstigungen. In Sainte-Margerite bekam er zum Beispiel zweimal pro Woche die Wäsche gewechselt, eine möblierte Zelle, er erhielt zahlreich Bücher, durfte Laute spielen und wurde bei Bedarf ärztlich versorgt.[26]

Für seine Bewachung wurde kein Aufwand gescheut. In Pignerol wurde sogar eine spezielle Zelle für ihn gebaut, die man durch drei Türen betrat. Ihre doppelt vergitterten Fenster waren von außen nicht einsehbar. Dass er eine Maske aus Eisen trug, dieses Gerücht setzte Voltaire in die Welt, denn jener war selbst häufiger in der Bastille inhaftiert. Tatsachlich handelte es sich jedoch um eine Maske aus schwarzem Samt. Voltaire war der festen Überzeugung, dass es sich bei dem Gefangenen nur um einen Bruder von Ludwig XIV. handeln konnte. In seinem Werk *Das Zeitalter Ludwigs XIV.* (1751) beschreibt der

---

[18] vgl. Boffo, Manfred Günter.
[19] vgl. ebd.
[20] vgl. ebd.
[21] vgl. ebd.
[22] vgl. ebd.
[23] vgl. ebd.
[24] vgl. ebd.
[25] vgl. ebd.
[26] vgl. ebd.

Schriftsteller Voltaire u.a. seine diesbezüglichen Vermutungen.[27] Darin schrieb er: *„Einige Monate nach dem Tod Mazarins (...) brachte man in aller Heimlichkeit einen unbekannten Gefangenen in die Festung der Insel Sainte-Marguerite, welcher – außergewöhnlich hoch gewachsen – von besonders edler und schöner Erscheinung war. Dieser Gefangene trug eine Maske, deren Kinnband mit Stahlfedern befestigt war, sodass er essen konnte, ohne die Maske vom Gesicht zu nehmen. Es war befohlen worden, ihn zu töten, wenn er sich zu erkennen geben sollte "[28].* Alexandre Dumas übernahm diese Annahme in seinem Roman Le Vicomte de Bragelonne (1847).[29]

1.2.1 Zwillingsbruder-Theorie

Voltaire war von seiner These, dem Zwillingsbruder von Ludwig XIV. im Verließ begegnet zu sein, überzeugt gewesen.[30] Demnach musste die Mutter Ludwig XIV., Anna von Österreich, einen der beiden Brüder an einem anderen Ort aufwachsen gelassen haben.[31] Zudem wird von ihm behauptet, dass der Mann mit der Maske auf dem Land und danach in England aufgewachsen sei.[32] Jener Zwillingsbruder soll sich in eine Intrige hineinziehen gelassen haben, zum Sturz des Königs. Dies wurde wahrscheinlich bekannt, denn nur so lässt sich die Verhaftung des vermeintlichen 'Zwillingsbruders' bei seiner Rückkehr in Dünkirchen nachvollziehen.[33] Immerhin hätte man nur einen Mann nach Jahrzehnten im Hoheitsgebiet Ludwig XIV. erkannt- einen ihm wie aus dem Gesicht geschnittenen Mann, seinen Zwillingsbruder. Das sollte mit der gesonderten Inhaftierung und der diesbezüglichen Maskierung wohl mit allen Mitteln vermieden werden.

Abgesehen von dieser Erklärung um den mysteriösen Gefangenen Ludwig XIV., ist zu bedenken zu geben, dass bei der Geburt Ludwigs mehr als 50 Personen direkt im Raum anwesend waren.[34] Zu jener Zeit herrschte eine hohe Kindersterblichkeit. Die Überlegung bereits einen der Thronfolger weggegeben zu haben, hätte beim Tod des legitimierten

[27] vgl. Das Rätsel um den „Mann mit der eisernen Maske", URL: http://www.school-scout.de/extracts/38203/38203a.pdf?file=1, [Zugriff am 29.08.2013].
[28] Das Rätsel um den „Mann mit der eisernen Maske".
[29] vgl. Mazaud, Jean Claude (2013): Livre- le vicomte de bragelonne, URL: http://jcmemo-34.blogspot.de/2013/07/livre-le-vicomte-de-bragelonne-18471850.html, [Zugriff am 22.08.2013].
[30] vgl. Boffo, Manfred Günter (o.A.): Der Mann mit der eisernen Maske, URL: http://www.mgb-home.de/Die-eiserne-Maske.html, [Zugriff am 22.08.2013].
[31] vgl. Boffo, Manfred Günter.
[32] vgl. ebd.
[33] vgl. ebd.
[34] vgl. ebd.

Thronfolgers verehrende Auswirkungen haben können. Die Thronfolge musste gesichert werden und da war jeder männliche Nachkomme dem Königspaar nur recht.[35]

1.2.2 Illegitimer Sohn der Königin-Theorie

Es existiert neben der Zwillingsbruder-Theorie auch jene des illegitimen Sohns der Königin. Wie kommt es zu so einer Behauptung? Die Mutter Ludwigs, Anna von Österreich, lebte lange Jahre von ihrem Mann entfremdet.[36] Es kommt eine Liaison mit Kardinal Mazarin in Frage. Jener Mann war immerhin in der Zeit ihrer Regentschaft ihr Premierminister. Doch er wäre neben dem Herzog von Buckingham oder dem Musketieroffizier Francois de Cavoye, nur ein potenzieller Vater.[37]

In diesem Zusammenhang muss man einen Blick in die Gesellschaftsordnung der damaligen Zeit des 17. Jahrhunderts werfen. Ein Bastard von Königen Anna von Österreich hätte überhaupt keinen Thronanspruch bekommen. Nach dem alten Salischen Erbrecht zählt ausschließlich die männliche Linie des Königshauses als thronberechtigt.[38]

1.2.3 Die Frage nach der Identität

Es gibt Vertreter die den geheimnisvollen Mann in der Maske für Marc de Morelhie halten. Den Schwiegersohn des Leibarztes von Anna von Österreich. Doch dieser starb bereits 1680 und nicht erst 1703, wie nachzuweisen ist. Demnach kommt jener Mann nicht in Frage.[39]

Andere behaupten es handelt sich bei dem mysteriösen Inhaftierten um den Grafen Ercole Antonio Mattioli, welcher in Pignerol eine Zeit lang mit dem Mann in der Maske inhaftiert war. Doch er verstarb bereits 1694 in Haft auf Saint-Marguerite. Dennoch könnte diese Überschneidung einen wesentlichen Teil, zur Entstehung des Mythos „Der Mann mit der Maske", beigetragen haben. Dagegen spricht auch, der Inhaftierungsname beider Männer. Der 1703 gestorbene Gefangene "mit der Maske" soll unter dem Namen Marchioly in Saint Paul begraben worden sein. Mattioli kam unter dem Namen Lestang, als Gefangener des Königs, in Haft.[40]

---

[35] vgl. Boffo, Manfred Günter (o.A.): Der Mann mit der eisernen Maske, URL: http://www.mgb-home.de/Die-eiserne-Maske.html, [Zugriff am 22.08.2013].
[36] vgl. Boffo, Manfred Günter.
[37] vgl. ebd.
[38] vgl. ebd.
[39] vgl. ebd.
[40] vgl. ebd.

Einen weiteren Teil des Mythos um den Mann in der Maske könnte eine militärische Geheimkorrespondenz von Ludwig XIV. an den General Catinat vom 24. August 1691 beigetragen haben. Darin wird Genaral Catinat angewiesen den General Vivien Lallé de Bulonde zu verhaften. Ihm wird vom König vorgeworfen, bei der Belagerung von Cuneo im Piemont aus Feigheit den Feldzug gefährdet zu haben. Zudem schreibt Ludwig XIV. in jenen Brief diesen Gefangenen zusätzlich zur Strafe eine Maske aufzusetzen. Vivien Lallé de Bulonde verstarb erst 1709. Demnach kann er auch nicht der mysteriöse Gefangene gewesen sein. Zumal er darüber hinaus keine Geheimnisse zu verraten hatte und der Grund seiner Gefangenschaft allgemein bekannt war.[41]

Historiker und Forscher rätseln bis heute wer denn nun der Mann in der Maske gewesen sei.[42] Schriftstellern und Dichtern beflügelt dieser Mythos die Phantasie.[43] Der wahre Name jenes Maskenmannes ist von Theorien geprägt und doch seine Identität nie geklärt wurden.[44]

Bekannt ist jedoch, dass jener maskierte Unbekannte am 19. November 1703 verstorben ist und bereits seit 1669 von Ludwig XIV. als Staatsgefangener inhaftiert wurde.[45] Dies geht aus historischen Korrespondenzen hervor und gilt als belebt. Alle Identitätszuweisungen, bezüglich des Inhaftierten mit der Maske, sind bislang reine Spekulation.

Es ist daher auch nicht verwunderlich, weshalb diese Geschichte nicht nur in der Literatur verschiedenartig beleuchtet wurde, sondern auch Filmemachern der Anlass dazu geboten wurde, jene Bestseller zu interpretieren und auf die Leinwände zu bringen. Eine berühmte Verfilmung ist die von Regisseur Randall Wallace, aus dem Jahr 1997. Mitunter so berühmt geworden durch die geschickte Besetzung seiner Filmfiguren (Leonardo DiCaprio als König Ludwig XIV., John Malkovich als Athos, Gérard Depardieu als Porthos und Jeremy Irons als Aramis).

---

[41] vgl. Boffo, Manfred Günter (o.A.): Der Mann mit der eisernen Maske, URL: http://www.mgb-home.de/Die-eiserne-Maske.html, [Zugriff am 22.08.2013].
[42] vgl. GEO EPOCHE (Heft-Nr. 42 - 04/10): Der Sonnenkönig. Ludwig XIV. Frankreichs Aufstieg zur Weltmacht 1638-1715, URL: http://www.geo.de/GEO/heftreihen/geo_epoche/geoepoche-buchtipps-der-sonnenkoenig-63805.html?p=5,[Zugriff am 19.08.2013].
[43] GEO EPOCHE.
[44] vgl. Wolff, Markus (2013): Der Mann mit der eisernen Maske, URL: http://www.geo.de/GEO/heftreihen/geo_epoche/der-mann-mit-der-eisernen-maske-63799.html, [Zugriff am 19.08.2013].
[45] Boffo, Manfred Günter (o.A.): Der Mann mit der eisernen Maske, URL: http://www.mgb-home.de/Die-eiserne-Maske.html, [Zugriffam 22.08.2013].

2. Filmanalyse: Der Mann in der eisernen Maske

Der Kinofilm *Der Mann in der eisernen Maske (1997)* entspringt dem Roman *Le Vicomte de Bragelonne* von Alexandre Dumas (1845/46).[46] Zu dieser Thematik gibt es zahlreiche Verfilmungen, so aus den Jahren 1929, 1939, 1977 und 1979. Eine neue Version des Romanklassikers kam 1998 mit Starbesetzung in die Kinos. Mit diesem Film, von Randall Wallace, wird sich im zweiten Kapitel vertiefend auseinandergesetzt. Schwerpunkte werden bei der formalen Analyse auf die filmischen Mittel des Films gelegt, welche bei der Darstellung des Königs Ludwig XIV. und dem Gefangenen 64389000 eingesetzt wurden. Da Der Focus liegt exemplarisch auf den beiden Filmfiguren, die jeweils vom selben Hollywoodschauspieler, Leonardo DiCaprio gespielt werden. Es folgt kapiteleinleitende die Filmbeschreibung des Historien-Dramas *Der Mann in der eisernen Maske (1997)*.

2.1 Filmbeschreibung

Randall Wallace führte beim Historien-Drama *Der Mann in der eisernen Maske (1997)* die Regie und das Drehbuch. Zusammen mit Russ Smith wurde der 132-minütige Film in den USA und Frankreich produziert.[47] Am 09.04.1998 kam der Film in die Kinos.[48] Seinen Erfolg feierte dieser Film unter anderem durch seine gelungene Schauspielerbesetzung der Filmfiguren, wie Leonardo DiCaprio als König Ludwig XIV. und seinem Zwillingsbruder Philipp oder Gérard Depardieu als Musketier Porthos.[49]

Das Historien-Drama *Der Mann in der eisernen Maske (1997)* spielt in dem Jahr 1662.[50] Der Kerker des Schlosses Versailles ist mit Gefangenen gefüllt. Doch einer von ihnen besitzt keinen Namen, sondern ist als Gefangener 64389000- der Mann in der eisernen Maske bekannt. Eingepfercht in eine enge, nasse Zelle fristet dieser Unbekannte sein Dasein. Währenddessen vertreibt sich der König seine Lebenszeit mit illustren Hoffesten, zu seiner Unterhaltung. Der 22-jährige König Ludwig XIV. (Leonardo DiCaprio) lässt lieber solche Feste planen, als sich mit der Versorgung seines Volkes die Laune zu verderben. Die vielen, von ihm geführten, Kriege zermürben zusätzlich die Moral des Volkes. Kriegsmüdigkeit macht sich in der französischen Bevölkerung breit. Doch Ludwig XIV. will davon nichts wissen. Er strebt nach Macht und Einfluss und dies ist nur mit einer kriegerischen

---

[46] Wallace, Randall (1997): Film_Der Mann in der eisernen Maske, Time Code 02:01:25.
[47] Moviesection: Der Mann in der eisernen Maske, URL: http://www.moviesection.de/film/469-Der_Mann_in_der_eisernen_Maske, [Zugriff am 29.08.2013].
[48] Moviesection: Der Mann in der eisernen Maske, URL: http://www.moviesection.de/film/469-Der_Mann_in_der_eisernen_Maske, [Zugriff am 29.08.2013].
[49] Moviesection: Der Mann in der eisernen Maske, URL: http://www.moviesection.de/film/469-Der_Mann_in_der_eisernen_Maske, [Zugriff am 29.08.2013].
[50] vgl. Wallace, Randall (1997): Der Mann in der eisernen Maske, Time Code 00:01:44.

Außenpolitik zu erfüllen. Das Volk Frankreichs bleibt nicht länger stumm und traut sich offenkundig auf ihre lebensbedrohende Lage, direkt beim königlichen Hofe, aufmerksam zu machen. Doch gänzlich unbeeindruckt und ohne Schuldbewusstsein lässt Ludwig XIV. einen Berater exekutieren. Damit ist für ihn die Angelegenheit geklärt. Er widmet sich dann doch lieber erfreulicheren Dingen, wie der Lustjagd nach schönen Bettgespielinnen. Auf einen seiner Feste sticht ihm die schöne Christine Bellefort (Judith Godrèche) ins Auge und um sie zu bekommen schickt Ludwig in seiner Kaltherzigkeit ihren fast Verlobten Raoul, Sohn des Athos (Peter Sarsgaard,) in einen totbringenden Krieg. Von der Nachricht ereilt, Raoul sei gefallen, gibt sich Christin dem König hin. Doch Ludwig XIV. ahnt nicht, welche Zahnräder er mit diesem Befehl in Bewegung gesetzt hat.

Um die Aufständischen im Volk zu brechen, befiehlt Ludwig XIV. seinem Priester Aramis (Jeremy Irons) er solle, als ehemaliger königlicher Musketier, den General des Jesuitenordens töten. Jedoch ist er es selbst und steht hinter seinem Orden. Als Musketier schwor er einem König zu dienen, der eines Thrones würdig ist. Doch dies sieht er nicht mehr in seinem König. Aramis ist entschlossen, dass Frankreich nur gerettet werden kann, wenn ein besserer König herrscht. Als Geheimnisträger kennt er auch eine Lösung dafür. Ludwig muss durch einen Mann, der ihm nur äußerlich gleicht wie ein Ei dem anderen, ausgetauscht werden. Mit seinem Plan tritt er vor die ehemalige königliche Leibwache Ludwig XIII.. Zum Treffen erscheinen Athos (John Malkovich), Porthos (Gérard Depardieu), Aramis und D´Artanion (Gabriel Byrne). Drei der Musketiere sind sich einig den Plan umzusetzen. D´Artanion bricht mit ihnen und schwört ihnen keine Gnade walten zu lassen, wenn sie sich seinem König nähern sollten. Nachts befreien Athos, Porthos und Aramis den Gefangenen 64389000 und hinterlassen den Eindruck jener sei an der Pest verstorben und vorsorglich gleich verband worden. Ihre List geht auf. Aramis schleust als Priester verkleidet, einen Toten mit Maske in die Zelle des Gefangenen. Den Inhaftierten befestigt er unter seinem Rock und verbrennt den Toten mit Maske. Was von ihm übrig blieb-seine Maske, wurde an den König geschickt. Anna von Österreich (Anne Parillaud) erfährt auch davon und ist tief bestürzt. Als Ludwig XIV. abermals zur eigenen Belustigung einen Maskenball ausrichtet, wittern die drei Musketiere ihre Chance den König auszutauschen. Auf der Flucht mit Ludwig XIV. werden sie von der königlichen Wache und D´Artanions ergriffen. Der König entscheidet die Musketiere enthaupten zu lassen. Dem unerwartet lebendigen Gefangenen 64389000 wird erneut die Maske angelegt und gefangen genommen. D´Artanion erfährt von Ludwig, dass der Mann, der dem König so ähnelt sein Zwillingsbruder ist. Nun ist auch D´Artanion im Bilde um das Zwillingsbruder-Geheimnis, welches 22 Jahre lang währte. Daraufhin hilft er den flüchtigen Musketieren bei der erneuten Befreiung des Gefangenen

Namens Philipp (Leonardo DiCaprio). Doch der König durchschaut den Verrat. Es kommt zum Kampf in den Korridoren der Gefängnisanlage. In die Enge getrieben erfährt Philipp, dass D´Artanion sein Vater ist. Er wird kurz darauf tödlich verwundet durch seinen beherzten Sprung vor Philipp, direkt in die Dolchklinge des Königs Ludwig XIV.. Im Sterben gibt er allen Anwesenden preis, dass sich beide nicht nur gleichen, sondern tatsächlich Brüder sind. Bevor weitere königliche Wachen durch die Tür einbrechen, tauschen sie Philipp mit Ludwig aus. Philipp, im Gewand des Königs, gibt den Wachen seinen ersten Befehl, dass ein Taubstummer den Gefangenen das Essen bringen soll. Athos, Porthos und Aramis werden von ihm zu persönlichen Ratgebern des Königs ernannt.

2.2 Filmische Mittel

Die vorliegende Filmanalyse legt den Analyseansatz auf die Untersuchung eingesetzter filmischer Mittel, die markante Unterschiede oder Auffälligkeiten aufweisen. Dabei liegt der Focus ausschließlich auf der Darstellung der Filmfiguren König Ludwig XIV. und seinem Zwillingsbruder Philipp. Es wird sich exemplarisch auf Einstellungsgrößen, räumliche Darstellungen, Lichtregie ebenso wie auf das Kostümbild und die Symbolik bezogen. Diese werden aus dem Grund heraus analysiert, da beim Ansehen des Films *Der Mann in der eisernen Maske* (1997) diesbezüglich erkennbare Motive finden ließen.

2.2.1 Einstellungsgrößen

Auffälligkeiten bezüglich der eingesetzten filmischen Mittel wurde wissenschaftlich nachgegangen. Dazu wurde der gesamte Film auf Einstellungsgrößen hin untersucht und protokolliert. Da in den unterschiedlichen Handbüchern diverse Kategoriensysteme für Einstellungsgrößen beschrieben werden, beruft sich in die vorliegende Arbeit auf jenes von Werner Faulstich. Faulstich unterteilt die Einstellungsgrößen in acht Kategorien (vgl. Tabelle 1, Anhang). Diese fanden bei der im Anhang befindlichen Protokollerstellung (vgl. Tabelle 2, Anhang) Anwendung. Das Protokoll betrachtet dabei ausschließlich jene Einstellungsgrößen, die jeweils Ludwig und Philipp zeigen. Andere im Film vorkommende Filmfiguren wurden bei der Erstellung nicht berücksichtigt.

Es geht daraus hervor, dass Philipp in den ersten sechzig Filmminuten vorwiegend vom Kopf bis zum Schulteransatz als auch vom Kopf bis zur Gürtellinie gezeigt wird. Mit diesen Einstellungen werden besonders Details, bezüglich der gezeigten Person, deutlich welche wiederum die Emotionalität der gezeigten Szenen verstärken. Anfänglich noch jene Szenen die im Inselgefängnis[51] spielen und überleiten von der Befreiung aus dem Gefängnis bis zum Aufenthalt auf dem Landgut von Jesuiten.[52] Anschließend werden die Einstellungsgrößen stetig gewechselt und gehen von Detailaufnahmen bis zu der Totalen- Aufnahme. Es ist zu erkennen, dass die Szenen, die Philipp im Gefängnis eingesperrt zeigen von Detailaufnahmen und Nahen-Einstellungen geprägt sind. Dies vermittelt einen beengten und unbehaglichen Eindruck seiner Situation und verstärkt damit den Raumeindruck. Besonders kommt hierbei die eiserne Maske in seinem Gesicht zum Tragen und die Verzweiflung in seinen Augen kommt so zum Vorschein. Großzügiger geht der Regisseur mit den Einstellungsgrößen um, als Phillip auf dem Landgut der Jesuiten ankommt und eine Zeit lang dort lebt. Hier sind die Szenen seiner Ausbildung, um den königlichen Platz einzunehmen in überwiegend Halbnahaufnahmen und vereinzelten Halbtotalen-Aufnahmen zu sehen. Nur Szenen im Haus und im Zusammenhang mit Philipps Vorgeschichte werden erneut in Großaufnahmen und Nahen-Einstellungen gezeigt. Von Philipps Eindringen in das königliche Schloss[53] bis zu seiner Urteilsverkündung[54] wechseln „kleinere (...) [und] größere Einstellungsgrößen"[55] stetig. Dies kann man auf das Handlungsgeschehen übertragen, das vom großen Ballsaal bis zum intimen, königlichen Gemach bzw. engen Kellerkorridoren reicht. Da Philipp von den drei Musketieren Aramis, Porthos und Athos befreit wird, legte man nicht den Focus auf das Erzeugen intimer Momente, sondern auf die Erzeugung einer Aufbruchsstimmung und befreienden Atmosphäre. So ist es nicht verwunderlich, dass den Einstellungsgrößen mehr Raum gegeben wird und von Amerikanischen-Ausnahmen bis hin zu Halbtotalen-Einstellungen reichen. Das Schlusskapitel an D´Artanions Grab geht wieder auf die Schaffung einer intimen Atmosphäre über und zeigt Philipp an der Seite der Musketiere und seiner Mutter in Detailaufnahmen bis hin zu Nahen-Aufnahmen. Dies vermittelt dem Zuschauer das Gefühl von Zugehörigkeit, zu den Personen, die ihn von nun an durchs Leben begleiten (Königin Mutter, Athos, Aramis und Porthos).

Der Betrachtung Philipps gegenüber steht die nach Ludwig XIV., seinem, wie es im Film dargestellt wird, Zwillingsbruder. Ludwig bewegt sich den ganzen Film über ausschließlich im Schloss und dem Schlossgarten. Bis zum Austausch des Königs mit Philipp, überwiegen größere Einstellungsgrößen. Der Zuschauer wird dadurch kaum emotional gefasst, wie es bei Philipp im Inselgefängnis der Fall ist. Jedoch wird auf diesem Weg seine Größe und seine Macht hervorgehoben. Der Raum kann so auf den Zuschauer wirken und seine barocke Prächtigkeit zum Tragen bringen. Die königliche Freiheit wird beim Fest im

---

[51] vgl. Wallace, Randall (1997): Der Mann in der eisernen Maske, Time Code 00:01:23 bis 00:43:36.
[52] vgl. Wallace, Randall, Time Code bis ca. 01:00:00.
[53] vgl. ebd., Time Code 01:18:32.
[54] vgl. ebd., Time Code 01:38.42.
[55] Faulstich, Werner (2002): Grundkurs Filmanalyse. München, S.117. und vgl. Tabelle 1, Anhang.

Schlossgarten deutlich. Hier werden Halbnahaufnahmen gezeigt, die die Weitläufigkeit seines Residenzschlosses Versailles zeigen. Erst als es um die Eroberung einer weiteren Mätresse (Christine Bellefort) geht, werden Nahaufnahmen und Großaufnahmen[56] gezeigt um die anbahnende Intimität zwischen Beiden zu unterstreichen. Als es zum großen Showdown[57], in den Korridoren des Schlosses, kommt wechseln die Einstellungsgrößen zwischen Großaufnahmen, um die Verbitterung in Ludwigs Gesicht deutlich zu machen und Halbnahaufnahmen, die seine Stellung hinter den königlichen Soldaten zeigt. Als Ludwig erneut ausgetauscht wird, sieht man ihn in Nahaufnahmen.[58] Damit wird dem Zuschauer deutlich, dass sich der Eine vom Anderen nicht optisch unterscheiden lässt, zumal, wenn er jene Maske aus Eisen trägt.

2.2.2 Musikmotive

Der Filmmusikkomponist Nick Glennie-Smith komponierte für den Kinofilm *Der Mann in der eisernen Maske* (1997) 21 Musikstücke[59] von unterschiedlicher Dauer. Damit holte sich der Regisseur Randall Wallace einen bedeutsamen Filmkompositeur, denn seine Melodien durchziehen zahlreiche erfolgreiche Kinofilme weltweit. Selbst in Filmen, wie *Man of Steel* (2013), *Illuminati* (2009), *The Rock-Fels der Entscheidung* (1996) brachte Glennie-Smith seinen musikalischen Betrag hinzu. [60]

Im Film *Der Mann in der eisernen Maske* (1997) fallen bei der vertiefenden Musikanalyse vereinzelte Musikmotive (Wiederkehrende Akkorde) auf, die in einem personellen Zusammenhang gebracht werden können. Bei der Analyse der Filmmotive wurde der persönliche Höreindruck bzgl. wiederkehrender Leitmotive erfasst. Die angeführten Erkenntnisse daraus sind daher rein aus der subjektiven Wahrnehmung der Autorin abgeleitet wurden.

Auffällig geworden ist dabei, dass sich 3 Motive markant durch den Film ziehen. Philipp wird musikalisch begleitet, sobald das Symbol des Mondes in der Filmszene sich anbahnt und ins Bild rückt. Dieses Motiv ist aus der Soundtrack-Liste mit dem Titel *The Moon Beckons* stimmig und in der Protokollliste unter der Abkürzung M1 zu finden. So kehrt das Motiv M1 in den Szenen Kerkerblick zum Mond (Time Code 00:39:35- 00:40:20), als Philipp die Maske das erste Mal vom Gesicht abbekommt (Time Code 00:45:38- 00:47:33) und beim Mondblick

---

[56] vgl. Wallace, Randall (1997): Der Mann in der eisernen Maske, Time Code 00:13:22 bis 00:14:20.
[57] vgl. Wallace, Randall, Time Code ab 01:46.00.
[58] vgl. ebd., Time Code 01:56:06 bis 01:56:32.
[59] Siehe Tabelle 3 Soundtrack-Liste, Anhang.
[60] vgl. IMDb (1990-2013): Nick Glennie-Smith, URL: http://www.imdb.com/name/nm0322684/, [Zugriff am 12.09.2013].

aus dem Fenster des Landguts (Time Code 01:03:42- 01:04:04). Das Instrument der Flöte welche von einem umschmeichelnden Streichorchester begleitet wird stützt die nachdenkliche und sehnsüchtige Filmhandlung dieser aufgezählten Szenen. M1 begleitet damit den Gefangenen Philipp von seiner Befreiung aus seiner Zelle bis zur Entscheidung, sich selbst als König einsetzen zu lassen. Demnach aus seinem Schattendasein heraus zu gehen und in Erscheinung zu treten. Das zweite Musikmotiv M2 ist in der Soundtrack-Liste unter dem Titel *Heart Of A King* gelistet. Dieses erklingt in einer modifizierten Spielweise als die Königin Anna den Ballsaal betritt (Soudtrack-Liste als Titel *The Queen Appoaches*, Time Code 01:25:00- 01:26:03) und ertönt erneut in der Filmszene am Grab von D´Artanion (Time Code 01:57:26-01:59:50). Die Melodie des Motivs 2 ist sehr emotional und ergreifen komponiert. Auch hier kommen Flötenklänge zum Einsatz, doch nun von einem schwungvolleren Orchesterspiel begleitet. M1 und M2 sind sich im Klangbild dennoch ähnlich und tauchen im Zusammenhang mit Philipp musikalisch (im OFF) auf. Immer an wichtigen Stationen im Leben von Philipp- auf seinem Weg König zu werden. Das ist auch der Fall beim dritten Motiv M3, welches sich akustisch bestimmten Szenen zuordnen lässt. M3 ist unter dem Soundtrack-Titel *Training To Be King* gelistet. Als Philipp auf seine königlichen Aufgaben vorbereitet wird, wie dem Schwertkampf und dem Reiten ist M3 zu hören (Time Code 01:07:20-01:08:22). Zusätzlich wird sie Filmszene mit dem Motiv M3 unterlegt als sich Philipp und die Musketiere auf den Weg zum Schloss befinden (Time Code 01:17:01- 01:17:43). Ein letztes Mal lässt sich M3 wiedererkennen, als Philipp im königlichen Gewand den Ballsaal betritt und zum Thron schreitet (Time Code 01:28:08- 01:28:48). Trompetenklänge, Trommelklänge und ein Orchester diverser Instrumente geben die Klangfarbe jenes Musikstückes. Dabei verkündet die Melodie, dass sich die Dinge um Philipp im Gang oder Umbruch befinden, da sie schwungvoll und taktvoll gespielt wird. Ein annähernd ähnlicher Motivverlauf ist bei der Filmfigur Ludwig XIV. im Zusammenhang mit der Handlung und einem Musikmotiv nicht zu erkennen. Der gesamte Film wird von diversen Musikeinspielern begleitet. So erklingen barocke Ballklänge u.a. zum Maskenball des Königs (Time Code 01:17:43-01:20:13). Diese sind jedoch auf die Situation des Balltanzes bezogen und nicht einer Person zuzuweisen.

2.2.3 Räumliche Darstellung und Lichtgestaltung

Im Filmprotokoll (vgl. Tabelle 2, Anhang) sind ebenfalls Anmerkungen zum räumlichen Aufenthalt der Filmfiguren Ludwig XIV. und Philipp vermerkt. Diese Daten liegen der Analyse bezüglich der räumlichen Darstellung zu Grunde und werden in Zusammenhang mit der Lichtgestaltung gesetzt.

Zur räumlichen Darstellung im Film *Der Mann in der eisernen Maske* (1997) kommen einige Auffälligkeiten zum Tragen. Die Filmfigur Ludwig XIV. tritt ausschließlich im Schloss und seiner unmittelbaren Umgebung (Schlossgarten) auf. Bis zur Befreiung des Gefangenen 64389000 spielen die Szenen mit Ludwig XIV. im Bild bei Tag uns strahlenden Sonnenschein. Wichtige Szenen, wie die Mitteilung über den Tod des Gefangenen oder die Ausführung des Maskenballs, als auch der Showdown in den Schlosskorridoren finden nachts statt, nur erhellt vom Mondschein. Damit wird die Kehrtwende bereits früh im Film angedeutet. Ludwigs Geheimnis, seinen Zwillingsbruder 22 Jahre lang gefangen gehalten zu haben, kommt ans Licht und wird ihm am Ende zum Verhängnis. Die Filmfigur Ludwig XIV. ist bis zum Showdown umgeben von prächtigen Schlossräumen und barocken Gartengestaltungen. Sein Schicksal kehrt sich dann in einer wenig glanzvollen Umgebung um, die der Schlosskorridore im Untergeschoss. Damit wird dem Rezipienten sein weiterer Verbleib assoziiert.

Die Filmfigur Philipp hingegen wird in seinen Gefängnisszenen in einer engen, nassen und kühlen Zelle gezeigt. Nur ein Loch in der Decke gab ihn etwas Lichteinfall in die spärliche Zelle. Alles um ihn ist Ton in Ton gehalten. Es gibt keine Ausleuchtung der Szenen im Gefängnis, nur die des einfallenden Mondscheins. Alle Gefängnisaufnahmen werden zeigen die Nacht, niemals das einfallende Tageslicht.[61] Damit wird die Tristesse in seinem Leben verstärkt. Die Farbgestaltung wurde in Grau -Schwarz bis Braun gehalten. Diese Tristesse wird unterbrochen mit der Befreiung aus dem Gefängnis durch die drei Musketiere Aramis, Porthos und Athos. In seiner Unterkunft auf dem Landgut von Jesuitenanhängern wird die Weitläufigkeit der Länderei durch Tagaufnahmen außerhalb des Hauses gezeigt. Dies kündigt bereits an, dass die Enge in seinem Leben, einer Öffnung seines Bewegungsraumes Platz machen wird. Die Nachtszenen im Haus werden stark ausgeleuchtet durch zahlreiche Kerzen. Auch hieran lässt sich ableiten, dass die Nacht für Philipp keine Dunkelheit mehr bedeuten wird. Am Filmende wird dies bestätigt durch die Halbtotale-Aufnahme, welche Philipp als neuen König Ludwig XIV. zeigt, der auf einem Gräberhügel, über dem Schlossgelände, steht[62]. Es ist ein sonniger Tag zu sehen, welcher nichts mehr von der Dunkelheit in seinem Leben erahnen lässt. Philipp hat Ludwigs Platz auf dem Thron eingenommen.

---

[61] vgl. Wallace, Randall (1997): Der Mann in der eisernen Maske, Time Code 00:15:34 bis 00:16:13, 00:39:38 bis 00:44:14 und 01:40:20 bis 01:40:54.
[62] vgl. Wallace, Randall, Time Code 00:15:34 bis 00:16:13, 00:39:38 bis 00:44:14 und 01:40:20 bis 01:59:31.

2.2.4 Kostüm und Symbole

Ludwigs Gewänder sind im barocken Stil, wie es der Zeitgeschmack um das 17. Jahrhundert hergab angelegt. Er trägt die Farben Rot, Champagner und Gold an seinen königlichen Gewändern, welche aus Leinen, Brokatstoff und Seide bestehen.[63] Zudem trägt er barocke Absatzschuhe, die nur dem König und höheren Adeligen erlaubt waren zu tragen.[64] Er wechselt seine Gewänder nach den Anlässen bei Hofe. Dies unterstreicht mitunter seine Opulenz. Bezüglich der Kostümausstattung der Filmfigur Philipp lässt sich festhalten, dass er am Leib ein ärmliches Gewand aus Lumpen trägt und einfache Lederschuhe, während die eiserne Maske nur seine blauen Augen[65] vom Gesicht des Gefangenen 64389000 zeigen.

Auffällig in diesem Zusammenhang ist das wiederkehrende Symbol des Mondes. Zuerst taucht der in den Steinboden geritzte Name LUNA[66] auf, welcher umrahmt ist von eingeritzten Strahlen und einer Schiffflotte aus Buchseiten.[67] In derselben Szene klettert der Gefangene an einer Wandschräge hinauf um den Mond zu betrachten. Vom Mond erblickt er jedoch nur einen kleinen Teil am Nachthimmel seiner vergitterten Luke. Auf dem Landgut von Jesuiten tritt erneut das Mond-Symbol auf.[68] Hier ist jedoch die eiserne Maske von ihm genommen worden und er steht vor der Entscheidung bei dem königlichen Komplott mitzumachen oder nicht. Der Mond erscheint im offenen Fenster gigantisch und stark in seiner Leuchtkraft. Der Austausch zwischen Philipp und Ludwig findet ebenfalls bei Nacht statt. Philipps Rückführung in die Zelle, wo ihm erneut die eiserne Maske angelegt wird, ist vom Mondlicht erhellt.[69] Die Nacht nimmt von da an einen allgegenwärtigen Platz in der Filmhandlung ein. Bis zum gelingenden Austausch des Königs Ludwig mit seinem Zwillingsbruder Philipp findet die Handlung in der Nacht statt. Die Schattenseite des Tages hat nun endgültig den „Sonnenkönig" Ludwig XIV. eingenommen und ihn ins Dunkel geführt. Philipp hingegen wird in der Schlussszene des Films auf einem Hügel an D´Artanions Grab gezeigt. Dieser Hügel liegt auf dem Gelände des königlichen Schlosses. Der strahlende Sonnenschein, lässt die Annahme zu, dass es Philipp endlich auf die `Sonnenseite` geschafft hat.

---

[63] vgl. Wallace, Randall (1997): Der Mann in der eisernen Maske, Time Code 00:14:52, 00:38:40, 01:09:40 und 01:18:42.
[64] vgl. Zeitler, Annika (2010): Planet Wissen. Barockschuhe, URL: http://www.planet-wissen.de/alltag_gesundheit/mode/schuhe/lexikon.jsp, [Zugriff am 11.09.2013].
[65] vgl. Wallace, Randall (1997): Der Mann in der eisernen Maske, Time Code 00:40:15 bis 00:40:20.
[66] Das Wort LUNA stammt aus dem Lateinischen und bedeutet Mond. Der Name wird auch in der römischen Mythologie verwendet. Dabei entspricht Luna der Mondgöttin, dessen Bruder Sol wiederum den Sonnengott darstellt. (vgl. Aust, Emil: Luna. In: Wilhelm Heinrich Roscher (Hrsg.): Ausführliches Lexikon der griechischen und römischen Mythologie. Leipzig, Sp. 2154-2159.)
[67] vgl. Wallace, Randall (1997): Der Mann in der eisernen Maske, Time Code 00:39:42 bis 00:39:46.
[68] vgl. Wallace, Randall, Time Code 01:03:19 bis 01:03:30.
[69] vgl. ebd., Time Code 01:40:08 bis 01:40:53.

Das Sonnenlicht ist es, welches der Mond auf seiner Oberfläche reflektiert und so der Eindruck entsteht, jener leuchtet selbst.[70] Für die Symbolik des Mondes im Film stellt diese astronomische Begebenheit einen starken Bezug her zwischen den beiden Brüdern Ludwig und Philipp. Ludwig, der als König Frankreichs allen Glanz und Prunk besitzt, an Macht und Einfluss kaum zu überbieten ist, wirft dennoch stetig sein Licht auf den verhassten Zwillingsbruder. Von dessen Existenz niemand etwas erfahren sollte und es doch zur Kehrtwende kommt.

3. Schlusswort

Der Regisseur Randall Wallace setzte bezüglich der Handlung seines Films *Der Mann in der eisernen Maske* (1997) besonders auf musikalische Untermalungen und weniger auf Special Effekte. Großaufnahmen bzw. Nahaufnahmen bestimmen das Bild. So fängt er für den Zuschauer die Mimik der Hauptpersonen Ludwig und Philipp effektvoller ein. Es werden keine überflüssigen Filmbilder gezeigt, wie bloße Landschaften oder ein Kamerafahrt durch die Schlossräume. Die Meisten Kameraaufnahmen sind auf die handelnden Personen bezogen. Damit schweift der Zuschauer nicht von der Handlung ab. Mit Symbolen wurde dabei eher sparsam umgegangen. Der Mond ist dafür jedoch ein sehr aussagekräftiges Symbol, welcher in Momenten seines Erscheinens die absolute Aufmerksamkeit des Zuschauers einnimmt. Das Kostümbild hält sich an historische Begebenheiten. Philipp in alten Lumpen und Ludwig in hoheitlichen Brokatstoffen mit Goldfädenstickereien. Der Handlungsraum im Schloss wird hell und sonnendurchflutet dargestellt, sodass möglichst viel von der prunkvollen Innenausstellung wahrgenommen werden kann. Die Kerkeranlagen sind ebenfalls authentisch dargestellt. Nass, dunkel und beengt fristet der Gefangene 64389000 sein Dasein. Bei dieser Behandlung verwundert es nur, dass Phillips Haut bzw. sein Gesicht so gepflegt aus der Maske enthüllt wird, dass er sofort Ludwig gleicht. Das sind jedoch die Freiheiten eines jeden Regisseurs. Die Handlungsräume stellt der Regisseur kontrastiert gegenüber. Damit verstärken sich beide Lebensweisen in ihrer Wirkung auf den Rezipienten.

Es wurden verschiedene filmische Mittel im Kapitel 2 herausgestellt, die jeweils den einen oder anderen Zwillingsbruder, mehr oder weniger, in Szene setzten. Historisch betrachtet hält sich der Film an wenige Fakten. Eben ein echter Hollywoodfilm. Bis auf die Filmkulisse des Schlosses Versailles und dem Kostümbild ist historisch ebenfalls belegt, dass Ludwig XIV. tatsächlich einen Bruder namens Philipp (*1640, † 1701) hatte. Jener wurde jedoch ein paar Jahre später geboren und kann damit keine der Theorien aus Kapitel 1.2 stützen.

---

[70] vgl. Daniel, Ina (2009): Planet Wissen. Eigenschaften des Mondes, URL: http://www.planet-wissen.de/natur_technik/weltall/steckbrief_mond/index.jsp, [Zugriff am 12.09.2013].

Zudem wird der wird im Film behauptet, dass Ludwig, der ja nun Philipp war, sein Volk Nahrung, Wohlstand und Frieden brachte. Wie aus der Chronik jedoch belegt wurde, ist dies ganz und gar nicht der Fall gewesen, denn wie aus Kapitel 1.1 hervorgeht, war Ludwig der XIV. für seine Kriege bekannt. Demnach wurde einfach nur ein schönes Filmende inszeniert, fern ab der Historie. Aber den Anspruch historisch korrekt zu sein hatte der Film sicherlich nie, denn angelehnt ist die Handlung an den Roman *Le Vicomte de Bragelonne* von Alexandre Dumas (1845/46), worin die Zwillingsbruder-Theorie behandelt wird.[71] Randall Wallace setzte zudem auf Starbesetzung. Weltbekannte Schauspieler wie Leonardo DiCaprio, als Ludwig XIV. und seinem Zwillingsbruder Philipp oder Gérard Depardieu als Porthos, machten den Film zudem so erfolgreich.

---

[71] Wallace, Randall (1997): Film_Der Mann in der eisernen Maske, Time Code 02:01:25.

Literaturverzeichnis

AMAZONE-Titelliste: The Man in the Iron Mask, URL: http://www.amazon.de/gp/product/B00 1S0MWHA/ref=dm_sp_alb?ie=UTF8&qid=1379005 064&sr=8-12, [Zugriff am 12.09.2013].

Aust, Emil (1897): Luna. In: Roscher, Wilhelm Heinrich (Hrsg.): Ausführliches Lexikon der griechischen und römischen Mythologie. Band 2,2, Leipzig, Sp. 2154-2159, URL: http://www.archive.org/stream/ausfhrlichesle0202rosc#page/n198/mode/1up, [Zugriff am 12.09.2013].

Boffo, Manfred Günter (o.A.): Der Mann mit der eisernen Maske, URL: http://www.mgb-home.de/Die-eiserne-Maske.html, [Zugriff am 22.08.2013].

Daniel, Ina (2009): Planet Wissen. Eigenschaften des Mondes, URL: http://www.planet-wissen.de/natur_technik/weltall/steckbrief_mond/index.jsp, [Zugriff am 12.09.2013].

Das Rätsel um den „Mann mit der eisernen Maske", URL: http://www.school-scout.de/extracts/38203/38203a.pdf?file=1, [Zugriff 29.08.2013].

Faulstich, Werner (2002): Grundkurs Filmanalyse. München: Wilhelm Fink Verlag.

GEO EPOCHE (Heft-Nr. 42 - 04/10): Der Sonnenkönig. Ludwig XIV. Frankreichs Aufstieg zur Weltmacht 1638-1715, URL: http://www.geo.de/GEO/heftreihen/geo _epoche/geoepoche-buchtipps-der-sonnenkoenig-63805.html?p=5,[Zugriff am 19.08.2013].

GEO EPOCHE (Heft-Nr. 42 - 04/10): Der Sonnenkönig. Ludwig XIV. Frankreichs Aufstieg zur Weltmacht 1638-1715, URL: http://www.geo.de/GEO/heftreihen/geo_epoche/der-sonnenkoenig-63834.html,[Zugriff am 12.09.2013].

IMDb (1990-2013): Nick Glennie-Smith, URL: http://www.imdb.com/name/nm0322684/, [Zugriff am 12.09.2013].

Korioth, Daniel (2010-2013): Ludwig XIV., URL: http://geboren.am/person/Ludwig_XIV, [Zugriff 29.08.2013].

Mazaud, Jean Claude (2013): Livre- le vicomte de bragelonne, URL: http://jcmemo-34. Blog spot.de/2013/07/livre-le-vicomte-de-bragelonne-18471850.html, [Zugriff am 22.08.2013].

Moviesection: Der Mann in der eisernen Maske, URL: http://www.moviesection.de/film/469-Der_Mann_in_der_eisernen_Maske, [Zugriff 29.08.2013].

Wallace, Randall (1997): Der Mann in der eisernen Maske, Film 127 Minuten, United Artists An MGM Company.

Weis, Gabriele (2000): Absolutismus in Frankreich, URL: http://www.gabrieleweis.de/3-geschichtsbits/histo-surfing/4-neuzeit1/4-6-absolutismus/4-6-absolutismus.htm, [Zugriff 09.09.2013].

Wolff, Markus (2013): Der Mann mit der eisernen Maske, URL: http://www.geo.de/GEO/heftreihen/geo_epoche/der-mann-mit-der-eisernen-maske-63799.html, [Zugriff 19.08.2013].

Wunderlich, Dieter (2006): Frankreich unter König Ludwig XIV., URL: http://www.dieter wunderlich.de/frankreich _ Ludwig_xiv.htm [Zugriff am 19.08.2013].

Zeitler, Annika (2010): Planet Wissen. Barockschuhe, URL: http://www.planet-wissen.de/alltag_gesundheit/mode/schuhe/lexikon.jsp, [Zugriff am 11.09.2013].

Anhang

<u>Tabelle 1:</u> Einstellungsgrößen und Beispiele
Quelle: Eigene Darstellung nach Werner Faulstich[I]

Einstellungsgröße		Beispiel
"Kleinere Einstellungsgrößen"	[D] Detailaufnahme (extrem close-up)	Nase im Gesicht gezeigt
	[G] Großaufnahme (close-up)	Gesicht bis leichter Schulteransatz zu sehen
	[N] Nahaufnahme (close shot)	Kopf und Körper bis Gürtellinie zu sehen
	[A] Amerikanische (medium shot)	Kopf und Körper bis Oberschenkel zu sehen
„Größere Einstellungsgrößen"	[HN] Halbnahaufnahme (full shot)	Kopf bis zu den Füßen eines Menschen
	[HT] Halbtotale (medium long shot)	Teil des Raumes in dem sich Menschen befinden zu sehen
	[T] Totale (long shot)	gesamter Raum mit allen Personen zu sehen
	[W] Weitaufnahme (extreme long shot)	ausgedehnte Landschaft zu sehen

[I] vgl. Faulstich, Werner (2002): Grundkurs Filmanalyse. München: Wilhelm Fink Verlag, S.113-116.

Einstellungsgrößen:

[D] Detailaufnahme, [G] Großaufnahme, [N] Nahaufnahme, [A] Amerikanische, [HN] Halbnahaufnahme, [HT] Halbtotale, [T] Totale, [W] Weitaufnahme

Philipp			Ludwig		
Einstellungsgröße	Handlungsraum	Musikmotiv	Einstellungsgröße	Handlungsraum	Musikmotiv
D	Inselgefängnis	M1	N	Schloss Versailles	
N		00:39:35-	HN		
D		00:40:20	G		
N			A		
HN			G		
G			A		
N			G		
N			A		
N	Landgut und	M1	N		
G	Umgebung von	00:45:38-	G		
N	Jesuiten	00:47:33	HT		
G			N		
HN			HN		
N			HT		
A		M1	HN		
HN		01:03:42-	G		
G		01:04:04	A		
HN			HN		
G		M3	N		
HN		01:07:20-	T		
G		01:08:22	G		
HN			N		
N		M3	HT		
A		01:17:01-	N		
T		01:17:43	G		
HN			A		
N			G		
HT			HT		
HT			N		
N			HN		
HT			N		
D			HN		
HT			N		
N			HN		
N			HN		
N			G		
N	Schloss Versailles		HT		
G			N		
N			HN		
HN		M2	N		
N		01:25:00-	A		
HN		01:26:03	N		
HN			HT		
HN		M3	G		
HN		01:28:08-	N		
HT		01:28:48	G		
G			N		
HT			HT		
G			HN		
N			A		
N			N		
			HN		

HT HT N HN N N N G N N			N N HN N HN HN G G G N N N N HT		
N G HN N A HN N HN G N HT N G HN HN HN N G HN HN A G N HN	Gefängnis im Schloss		HN HT N G G N HN N N HN N N A G	Gefängnis im Schloss Versailles	
HT N G N D N	Friedhof bei Schloss Versailles	M2 01:57:26- 01:59:50			

Tabelle 3: Soundtrack-Liste *Der Mann in der eisernen Maske* (1997),
Komponist Nick Glennie-Smith
Quelle: Eigene Darstellung nach AMAZONE-Titelliste[II]

1. Surrounded
2. Heart of a King...........................(M2)
3. The Pig Chase
4. The Ascension
5. King for a King
6. The Moon Beckons......................(M1)
7. The Masked Ball
8. A Taste of Something
9. Kissy Kissie Nick
10. Training to be King......................(M3)
11. The Rose
12. All Will Be Well
13. All For One
14. Greatest Mystery Of Life
15. Raoul And Christine
16. It is a trap
17. Angry Athos
18. Raoul's Letter
19. The Palace
20. Raoul's Death
21. The Queen Approaches...(M2 modifiziert)

[II] vlg. AMAZONE-Titelliste: The Man in the Iron Mask, URL: http://www.amazon.de/gp/product/B001
S0MWHA/ref=dm_sp_alb?ie=UTF8&qid=1379005064&sr=8-12, [Zugriff am 12.09.2013].